Roger Basler de Roca

Millionen Klicks, leere Taschen
Das Versprechen von OnlyFans in Zeiten von KI

AF286063

Millionen Klicks, leere Taschen

Roger Basler de Roca

Bibliografische Information der Deutschen Nationalbibliothek: Die Deutsche Nationalbibliothek verzeichnet diese Publikation in der Deutschen Nationalbibliografie; detaillierte bibliografische Daten sind im Internet über http://dnb.dnb.de abrufbar.

Lektorat: **Roger Basler de Roca**
Korrektorat: **Roger Basler de Roca**

Verlag: BoD · Books on Demand GmbH, Überseering 33, 22297 Hamburg, bod@bod.de

Druck: Libri Plureos GmbH, Friedensallee 273, 22763 Hamburg
ISBN: 978-3-8192-0921-5

Inhaltsverzeichnis

VORWORT

Das Internet hat in den letzten Jahren neue Formen des Arbeitens, Konsumierens und Monetarisierens hervorgebracht. Aber nur wenige Plattformen verkörpern diese Entwicklung so radikal wie OnlyFans. Was einst als familiengeführtes Nischenprojekt startete, ist heute ein milliardenschweres Unternehmen mit mehr als 305 Millionen registrierten Fan Konten[1] und etwas über 4 Millionen Creator Konten mit einem nicht zu negierenden globalen Einfluss auf die Creator-Ökonomie sowie die Erotikbranche.

Doch trotz der verlockenden Versprechen von finanzieller Unabhängigkeit, kreativer Autonomie und direkter Fanbindung offenbart ein genauerer Blick ökonomische und soziale Realitäten, die häufig ausgeblendet werden: Eine extreme Einkommensungleichheit, strukturelle Risiken für junge Creators, ethische Grauzonen und die Frage nach nachhaltiger wirtschaftlicher Perspektive.

Im Jahr 2023 erhielten die über 4 Millionen aktiven Creator:Innen auf OnlyFans insgesamt über 6 Milliarden US-Dollar an Auszahlungen. Dennoch liegt das durchschnittliche monatliche Einkommen der meisten Creator:Innen zwischen 150 und

---

[1] *PleazeMe. (2025, March 14). OnlyFans Statistics 2025 - Users, Creators & Revenue. https://pleazeme.com/onlyfans-statistics/*

180 US-Dollar, was die erhebliche Einkommensungleichheit auf der Plattform unterstreicht[2].

Gleichzeitig zwingt OnlyFans zu einer grundlegenden Auseinandersetzung mit den anderen Seiten digitaler Plattformökonomie: Monetarisierung wird zunehmend mit Selbstentblössung gleichgesetzt, algorithmische Sichtbarkeit ersetzt strukturelle Gerechtigkeit. Und jetzt kommt noch Künstliche Intelligenz ins Spiel.

Was bereits durch algorithmische Steuerung von Sichtbarkeit und Monetarisierung vorbereitet wurde, erfährt durch KI-gestützte Technologien eine radikale Zuspitzung. Virtuelle Avatare - digitale Charaktere, die auf Basis künstlicher Intelligenz erschaffen und betrieben werden - erobern zunehmend die Plattformökonomie.

Diese Avatare sind stets verfügbar, makellos gestylt, perfekt geschminkt und für jede Form der Konversation gerüstet. Sie kombinieren psychologische Profilierung, natürliche Sprachverarbeitung (Natural Language Processing, NLP) und emotionale Simulation, um menschliche Interaktion täuschend echt zu imitieren. Der Dialog mit einem solchen KI-Avatar ist oft nicht mehr von der Kommunikation mit einem realen Menschen zu unterscheiden.

Die Implikationen für die Creator-Ökonomie sind tiefgreifend: Während menschliche Creator:Innen an biologische und

---

[2] *Wikipedia. (2024, October 22). OnlyFans. https://de.wikipedia.org/wiki/Onlyfans*

psychologische Grenzen gebunden bleiben, kennen KI-Avatare keine Erschöpfung, keine emotionalen Schwankungen und keine Ausfallzeiten.

Die Produktionskosten eines virtuellen Avatars sind nach der Initialentwicklung minimal, während menschliche Creator:Innen kontinuierlich Zeit, Energie und emotionale Investition aufbringen müssen.

Monetarisierungsmodelle verlagern sich: Wo bisher authentische, persönliche Beziehungen ein Wettbewerbsvorteil waren, treten nun skalierbare, KI-optimierte Interaktionsstrukturen an deren Stelle.

Diese Entwicklung verschärft die bereits bestehenden Ungleichheiten auf Plattformen wie OnlyFans erheblich. Creators, die auf menschliche Authentizität setzen, müssen zunehmend gegen technisch überlegene, hyperoptimierte KI-Avatare konkurrieren. Dadurch stellt sich die Frage: Was bleibt vom Versprechen der digitalen Selbstermächtigung, wenn der Markt von virtuellen Persönlichkeiten dominiert wird, die nie schlafen, nie altern und nie Fehler machen?

Was wir heute schon wissen: Nur ein Bruchteil der Akteure verdient existenzsichernd, während die überwältigende Mehrheit unterhalb der gewünschten Einkommensgrenze bleibt - trotz vermeintlich „gleichen Chancen". In dieser Schieflage spiegelt sich nicht nur die Realität der Plattform selbst, sondern eine Gesellschaft, die neoliberale Selbstvermarktung mit Empowerment verwechselt. Wer von Millionen Klicks träumt, landet oft mit leeren Taschen - und einer digitalen Biografie, die sich nicht rückgängig machen lässt.

Dieses Werk analysiert das Spannungsfeld zwischen digitaler Selbstermächtigung und algorithmisch getriebener Darstellung in Zeiten von künstlicher Intelligenz. Es beleuchtet, warum das Narrativ vom schnellen Reichtum auf OnlyFans für die Mehrheit der Creators eine Illusion bleibt - und welche systemischen Dynamiken dahinterstehen. Es geht nicht nur um Erotik, sondern um Technologie, Marktdynamiken und Monetarisierung im digitalen Zeitalter.

„Millionen Klicks, leere Taschen" ist ein persönlicher, ökonomisch fundierter Blick hinter die Kulissen einer Plattform, die zur Projektionsfläche für Sehnsüchte, Kontroversen und gesellschaftliche Fragen avanciert ist und richtet sich an alle, die verstehen wollen, wie eine Plattform ohne eigene App ein globales Wirtschaftsphänomen werden konnte - und warum dieser Erfolg mehr Fragen aufwirft als Antworten liefert.

Dieses Buch erhebt dabei weder den Anspruch auf Vollständigkeit noch verfolgt es das Ziel, die Marke OnlyFans zu diskreditieren oder schlecht zu reden; vielmehr versteht es sich als eine kritisch recherchierte Momentaufnahme einer Plattformökonomie in Zeiten von künstlicher Intelligenz, deren Ambivalenzen allzu oft übersehen werden - zwischen Empowerment, Sichtbarkeit und Vergessen, von Versprechungen, Hoffnungen und Realität.

DISCLAIMER

Für die Texte von diesem Buch wurde mit Deepl.com/write gearbeitet. Es wurden Bearbeitungen und Verbesserungen mit Claude 3.7 Sonnet im Dialog durchgeführt.

Alle Artikel wurden nach meiner Recherchen mit KI (Perplexity, Grok Deep Research und Gemini Deep Research) selbst geschrieben, mit Deepl Write verbessert und Claude zusammen gefasst und vereinfacht und anschliessend umgeschrieben von mir persönlich.

Alle Artikel sind rein edukativ und erheben keinen Anspruch auf Vollständigkeit. Bitte melde dich, wenn Du Ungenauigkeiten feststellst, danke.

Ich habe versucht, gendergerechte Sprache zu verwenden in der Form von Leser:Innen / Nutzer:Innen - sollte ich es trotz Kontrollen verpasst haben, entschuldige ich mich für den Faux-Pas.

Dieses Buch ist in keinster Weise eine Kritik an den erwähnten Plattformen, sondern eine externe Betrachungsweise aus Sicht der Creator Economy und künstlicher Intelligenz.

DIE STILLE REVOLUTION DER SELBSTVER-MARKTUNG

Als im Frühjahr 2020 die Welt durch die COVID-19-Pandemie zum Stillstand kam, veränderten sich nicht nur globale Lieferketten und Gesundheitssysteme - auch das Leben von Millionen junger Menschen wurde tiefgreifend erschüttert. Ausgangssperren, Schliessungen von Gastronomie, Clubs, Sportstätten und Veranstaltungsorten führten insbesondere im Dienstleistungssektor zu massiven Arbeitsplatzverlusten. Laut der Internationalen Arbeitsorganisation (ILO) waren weltweit 1,6 Milliarden informell Beschäftigte von Einkommenseinbussen betroffen - viele davon unter 30 Jahre alt und ohne soziale Absicherung (ILO, 2020[3]).

Besonders hart traf es Frauen. In vielen westlichen Ländern waren weibliche Arbeitskräfte überproportional in Sektoren beschäftigt, die durch die Pandemie besonders stark beeinträchtigt wurden: Hotellerie, Einzelhandel, persönliche Dienstleistungen. In den USA etwa verloren allein im April 2020 über 11 Millionen Frauen ihren Job - das entspricht rund 55% aller pandemiebedingten Entlassungen in diesem Zeitraum (U.S. Bureau of Labor Statistics, 2021[4]).

---

[3] *International Labour Organization (ILO). (2020). ILO Monitor: COVID-19 and the world of work. Third edition. https://www.ilo.org/global/topics/coronavirus/impacts-and-responses/WCMS_743146/lang--en/index.htm*

[4] *U.S. Bureau of Labor Statistics. (2021). Employment Situation Summary. https://www.bls.gov/news.release/archives/empsit_05082020.htm*

Die ökonomische Unsicherheit wurde zum Alltag, während gleichzeitig Mieten, Studiengebühren oder medizinische Versorgung weiterhin finanziert werden mussten.

Hinzu kam ein psychologischer Ausnahmezustand: Isolation, Zukunftsangst und der plötzliche Verlust von Routinen führten dazu, dass insbesondere junge Erwachsene nach alternativen Formen von Stabilität und Einkommensquellen suchten. Plattformen wie TikTok, Twitch - und in besonderem Masse OnlyFans - rückten dabei in den Fokus. Sie versprachen Sichtbarkeit, Einnahmen und eine gewisse Kontrolle über den eigenen Alltag in einer Welt, die gerade aus den Fugen geraten war.

OnlyFans profitierte in diesem Kontext. Warum? Weil es so genannten Creators ermöglicht, die eigene Community zu monetarisieren. Zwischen März und April 2020 stieg die Zahl der neu registrierten Nutzer:Innen um 75% (Variety, 2024[5]). Besonders auffällig war dabei der Anstieg weiblicher Creator:Innen, die zuvor in klassisch prekären oder kreativen Berufen tätig gewesen waren: Tänzerinnen, Kosmetikerinnen, Fitnesstrainerinnen oder Hostessen. Innerhalb weniger Wochen verwandelte sich OnlyFans von einer Randerscheinung in ein wirtschaftlich relevantes Werkzeug der Selbsterhaltung.

Die Plattform bot nicht nur einen neuen Einkommensweg, sondern auch eine Möglichkeit, Autonomie zurückzugewinnen - zumindest auf den ersten Blick. Ohne Zwischenhändler, ohne

---

[5] *Variety. (2024). OnlyFans: Revenue, User Growth, and Pandemic Impact. https://variety.com/2024/digital/news/onlyfans-payments-2023-financials-revenue-creator-earnings-1236135425/*

Arbeitgeber, ohne klassische Hierarchien schien es möglich, mit digitaler Intimität wirtschaftliche Resilienz aufzubauen. Diese Versprechen überzeugten viele, die in einer traditionellen Erwerbsbiografie kaum Platz gefunden hatten - oder pandemiebedingt aus ihr herausgefallen waren.

Doch so verlockend der Einstieg auf den ersten Blick auch war: Die Realität hinter den Nutzerzahlen und Erfolgsgeschichten offenbart ein System, das auf algorithmisch verstärkter Sichtbarkeit, hoher Selbstausbeutung und extremer Einkommensungleichheit basiert. Was als Notlösung begann, entwickelte sich für viele zur existenziellen Herausforderung - ökonomisch wie emotional.

In der digitalen Plattformökonomie der 2020er-Jahre gilt Selbstvermarktung als Schlüsselressource. Die soziale Sichtbarkeit einer Person ist zunehmend monetarisierbar - sei es durch Content auf YouTube, bezahlte Reels auf Instagram oder Podcasts mit Produktplatzierungen.

Doch keine Plattform hat diese Entwicklung so kompromisslos in ökonomisches Handeln übersetzt wie OnlyFans. Innerhalb weniger Jahre hat sich die Website zu einem globalen Mikrokosmos der Creator-Ökonomie entwickelt: wie eingangs erwähnt, mit über 305 Millionen Fan Konten und 4 Millionen Creator-Konten weltweit (Verhältnis 1:76), Milliardenumsätze pro Jahr und Tausende von Content-Ersteller:Innen, die ihr

Einkommen gänzlich unabhängig von klassischen Medienunternehmen oder Agenturen erwirtschaften (Statista, 2024[6]).

OnlyFans steht damit sinnbildlich für den Paradigmenwechsel, der sich an der Schnittstelle von Technologie, Intimität und Kommerz vollzieht.

Die Plattform verkörpert nicht nur eine technische Infrastruktur für zahlungspflichtige Inhalte, sondern auch ein sozioökonomisches Versprechen: Kontrolle über eigene Inhalte, Nähe zur eigenen Community und finanzielle Unabhängigkeit durch direkte Vergütung. Besonders für marginalisierte Gruppen, darunter Frauen, queere Personen oder Sexarbeiter:Innen, wird das Modell als Form digitaler Selbstermächtigung verstanden (Amra & Elma, 2024[7]).

Gleichzeitig werfen die realen Mechanismen hinter dem System drängende Fragen auf: Wie gleich sind die Chancen tatsächlich? Wer verdient - und wer wird konsumiert? Und was bedeutet es, wenn nun künstliche Intelligenz mehr und mehr Einzug findet?

---

[6] Statista. (2024). Number of accounts on OnlyFans worldwide from 2019 to 2024. https://www.statista.com/statistics/1339677/onlyfans-number-of-accounts/

[7] Amra & Elma. (2024). OnlyFans Statistics and Impact Analysis. https://www.amraandelma.com/onlyfans-statistics/

VOM FAMILIENPROJEKT ZUM MILLIARDEN-IMPERIUM - DIE GESCHICHTE VON ON-LYFANS

OnlyFans wurde im November 2016 von dem britischen Unternehmer Tim Stokely gegründet - einem Mann mit einem klaren Ziel: Menschen eine Plattform zu bieten, auf der sie ihre Inhalte direkt an zahlungsbereite Fans vertreiben können. Im Unterschied zu reichweitenbasierten Modellen wie YouTube oder Instagram stand bei OnlyFans von Anfang an die Bezahlung im Zentrum - Nutzer:Innen sollten für den Zugang zu Inhalten einen monatlichen Betrag entrichten. Die Idee war nicht gänzlich neu, doch Stokely erkannte eine Marktlücke: eine Social-Media-Plattform mit integriertem Bezahlsystem (WSJ, 2021[8]).

Finanziert wurde das Start-up als echtes Familienprojekt. Stokely erhielt angeblich 10'000 Pfund Startkapital von seinem Vater Guy, einem ehemaligen Investmentbanker, der bereits früh als strategischer Berater involviert war (Beuker, 2024[9]).

Die Plattform startete zunächst mit Fokus auf Fitness- und Lifestyle-Creator, konnte sich aber nicht von vergleichbaren Angeboten wie Patreon abheben. Der entscheidende Wendepunkt kam 2017, als OnlyFans offiziell „explicit content" - also

---

[8] *The Wall Street Journal. (2021). OnlyFans founder explains paywall vision. https://www.wsj.com/articles/onlyfans-founder-interview*

[9] *Beuker, I. (2024). How OnlyFans broke the $10B barrier. https://igorbeuker.com/marketing-innovation-blog/onlyfans-breaks-2024-10-billion-in-transactions-305-million-fans/*

erotische bis pornografische Inhalte - auf der Plattform erlaubte. Dieser Schritt veränderte alles: Das Wachstum beschleunigte sich, und das Geschäftsmodell nahm Fahrt auf.

Der wirtschaftliche Durchbruch begann jedoch erst 2018 mit dem Einstieg von Leonid Radvinsky - einem US-amerikanischen Unternehmer mit umfangreichen Erfahrungen in der Erotikindustrie, insbesondere als Betreiber der Plattform *MyFreeCams*. Radvinsky übernahm OnlyFans vollständig und implementierte strategische Änderungen, die das Unternehmen skalierbar machten. Tim Stokely blieb zunächst als CEO im Amt, trat jedoch 2021 zurück und überliess Radvinsky das operative Geschäft (Reuters, 2024[10]).

Ab diesem Zeitpunkt entwickelte sich OnlyFans rasant. Innerhalb von fünf Jahren stieg die Zahl der Creator Konten von rund 100'000 auf über 4 Millionen — wohl eben auch wegen der Pandemie. Der Umsatz explodierte von 270 Millionen US-Dollar (2019) auf 6,6 Milliarden US-Dollar im Jahr 2023.

Ein bemerkenswerter Aspekt ist die bewusste Entscheidung, keine App in den gängigen App-Stores zu betreiben. Aufgrund der strengen Richtlinien von Apple und Google in Bezug auf erotische Inhalte verzichtete OnlyFans auf eine native Anwendung - ein Nachteil für die Nutzerfreundlichkeit, aber ein Vorteil

---

[10] *Reuters. (2024). Inside the dark side of OnlyFans.*
https://www.reuters.com/investigates/special-report/onlyfans-revenue-ethics

in Bezug auf Margen, da keine Plattformgebühren abgeführt werden müssen (Apple Guidelines, 2023[11]).

Neben der technischen Infrastruktur überzeugt das Plattformmodell vor allem durch den hohen Anteil an die Creator:Innen: 80% der Einnahmen fliessen an die Ersteller:Innen, während OnlyFans 20% als Provision behält. Diese vergleichsweise faire Verteilung gilt als einer der wichtigsten Erfolgsfaktoren - sowohl im Hinblick auf Bindung als auch auf Zufluss neuer Talente (SuperCreator, 2024[12]).

Das hat sich auch bis 2025 nicht geändert. Und während nahezu alle sozialen Netzwerke auf eine starke mobile Präsenz setzen, verzichtet OnlyFans darauf - nicht aus technischem Desinteresse, sondern vermutlich auch aufgrund der restriktiven Inhaltsrichtlinien der beiden dominierenden App-Marktplätze.

Sowohl Apple als auch Google untersagen in ihren Richtlinien Anwendungen, die „explizite Darstellungen sexueller Inhalte" beinhalten oder „hauptsächlich auf sexuelle Erregung abzielen" (Apple, 2023[13]). Und da rund 70% der Inhalte auf OnlyFans als NSFW („Not Safe For Work") klassifiziert sind, wäre eine Zulassung in den App-Stores praktisch ausgeschlossen.

---

[11] *Apple Inc. (2023). App Store Review Guidelines: Section 1.1.4. https://developer.apple.com/app-store/review/guidelines/*

[12] *SuperCreator. (2024). How much do OnlyFans creators really earn? https://www.supercreator.app/guides/how-much-do-onlyfans-creators-make*

[13] *Apple Inc. (2023). App Store Review Guidelines: Section 1.1.4 - Objectionable Content. https://developer.apple.com/app-store/review/guidelines/*

Doch dieser vermeintliche Nachteil entpuppte sich für OnlyFans als finanzieller Vorteil: Plattformgebühren in Höhe von bis zu 30%, wie sie etwa Apple auf In-App-Käufe erhebt, entfallen dadurch vollständig. Creators behalten dadurch effektiv einen grösseren Anteil ihrer Einnahmen, und auch OnlyFans selbst maximiert die Marge auf jeder Transaktion.

Die Geschichte von OnlyFans ist somit weit mehr als eine Erfolgserzählung innerhalb der Erotikbranche - sie repräsentiert einen paradigmatischen Fall für das Zusammenspiel von Nischenstrategie, digitaler Plattformlogik und krisenbedingter ökonomischer Opportunität. In einer Zeit, in der traditionelle Erwerbsmodelle ins Wanken geraten und gesellschaftliche Unsicherheiten zunehmen, bot OnlyFans eine niedrigschwellige, technologisch zugängliche Möglichkeit zur Monetarisierung individueller Sichtbarkeit - mit globaler Reichweite, minimalem Markteintrittsaufwand und hoher Skalierbarkeit. Und das war, damals wie heute, für viele sehr attraktiv.

FUNKTIONSWEISE DER PLATTFORM

OnlyFans basiert auf einem einfachen, aber wirkungsvollen Prinzip: Content gegen Bezahlung. Anders als bei Plattformen wie Instagram, TikTok oder YouTube, wo Reichweite über Werbeeinnahmen monetarisiert wird, liegt bei OnlyFans der Fokus auf direkter Nutzer:Innenfinanzierung. Die zentrale Funktion ist das Abo-Modell: Fans zahlen einen monatlichen Betrag - irgendwo zwischen 4,99 und 49,99 US-Dollar - um exklusiven Zugang zu Inhalten eines bestimmten Creator-Profils zu erhalten. Davon behalten die Creator:Innen 80% der Einnahmen; OnlyFans zieht eine Plattformprovision von 20% ab (SuperCreator, 2024[14]).

Zusätzlich zum Basis-Abo können Creator:Innen mit Pay-per-View-Inhalten (PPV), Trinkgeldern, personalisierten Nachrichten oder Cross-Selling von Produkten - etwa sehr persönliche Fotos oder Services die auf besondere Wünsche abzielen, bis hin zum versenden von Kleidungsstücken - weitere Einnahmequellen erschliessen. Über 89% der zahlenden Nutzer:Innen tätigen mindestens eine zusätzliche Transaktion über PPV-Funktionen, was den durchschnittlichen Monatsumsatz pro Fan signifikant erhöht (OnlyMonster, 2025[15]).

---

[14] *SuperCreator. (2024). How much do OnlyFans creators really earn? https://www.supercreator.app/guides/how-much-do-onlyfans-creators-make*

[15] *OnlyMonster. (2025). What sells on OnlyFans? Engagement metrics and revenue trends. https://onlymonster.ai/blog/what-sells-on-onlyfans*

Statt nur standardisierte Inhalte anzubieten, setzen somit viele Creator:Innen auf personalisierte Produktionen (z. B. Geburtstagsgrüsse, Fetischwünsche, Namensansprache in Clips oder direkte Kommunikation) - mit gestaffelten Preisen je nach Komplexität oder Videoformat.

Die Plattform fördert damit aktiv ein *„Intimitätsmodell auf Bestellung"*, das durch persönliche Interaktion, zeitlich limitierte Inhalte und parasoziale Beziehungen verstärkt wird.

Ein wesentliches Element dieser Architektur ist die asymmetrische Kommunikation: Während klassische soziale Medien auf Interaktion innerhalb eines öffentlichen Forums abzielen, funktioniert OnlyFans als geschlossener Raum. Die Kommunikation findet überwiegend eins zu eins statt - über private Nachrichten, bezahlte Videoantworten oder personalisierte Inhalte.

Laut Plattformdaten generieren Creator:Innen mit hohem Community-Engagement bis zu 35% mehr Umsatz als rein passiv konsumierte Profile (Social Rise, 2025[16]).

Die Plattformarchitektur ist dabei minimalistisch gehalten. OnlyFans operiert ausschliesslich über Webbrowser und verzichtet - wie bereits erwähnt - auf eine native App. Die Nutzeroberfläche ist bewusst funktional, fast rudimentär: Es gibt keine algorithmisch kuratierte Startseite, keine Hashtags, keine Inhalte ausserhalb der eigenen Subscription-Bubbles.

---

[16] *Social Rise. (2025). OnlyFans content strategies and audience behavior. https://social-rise.com/blog/onlyfans-content-ideas*

Diese bewusste Einschränkung der Sichtbarkeit erhöht den Druck auf Creator:Innen, über externe Kanäle - insbesondere Instagram, Twitter/X und Reddit oder Datingplattformen - Reichweite zu generieren und neue Abonnent:Innen zu gewinnen. Die Plattform selbst bietet kaum organisches Wachstumspotenzial.

Zudem existiert keine algorithmische Discovery-Funktion im klassischen Sinn. Stattdessen liegt die Verantwortung für Marketing, Sichtbarkeit und Kundenbindung vollständig bei den Creator:Innen. Viele von ihnen investieren bis zu 40 Stunden pro Woche in Content-Produktion, Zielgruppenanalyse, Community-Pflege und Werbekampagnen - vergleichbar mit einem digitalen Einzelunternehmen (Bunny Agency, 2024[17]). Nur wer konstant Sichtbarkeit erzeugt und die eigene „Fanbase" aktiv betreut, kann ein nachhaltiges Einkommen aufbauen.

Diese Plattformarchitektur weist strukturelle Eigenschaften auf, die Creator:Innen einerseits grosse operative Freiheit einräumen, andererseits aber auch eine beträchtliche Eigenverantwortung für Reichweite, Bindung und Monetarisierung verlangen.

Hier helfen immer mehr KI-Tools wie *OnlyHelper*, *SextPanther AI* oder *FansCRM* ermöglichen das automatisierte Versenden personalisierter Nachrichten (z. B. Begrüssung,

---

[17] B*unny Agency. (2024). OnlyFans vs. NBA Salaries: The shocking truth. https://bunny-agency.com/fr/blog-onlyfans/onlyfans-vs-nba-salary-the-shocking-truth-about-who-makes-more-2025/*

Tagesangebote, Upsells). Einige Systeme simulieren sogar flirty Smalltalk oder exklusive Dialoge.

Aber der Erfolg auf OnlyFans hängt weniger von der Plattform selbst als vom unternehmerischen Geschick der Nutzer:Innen ab - insbesondere von deren Fähigkeit, sich konstant sichtbar zu halten, Fans zu aktivieren. Und genau darum spielen die erwähnten externen Kanäle wie Instagram, Reddit oder X (Twitter) aber auch Datingplattformen eine so grosse Rolle. Wer es clever schafft auf Trends aufzuspringen, kokett mit den eingenen Vorteilen zu spielen bekommt Aufmerksamkeit und damit auch nach und nach mehr Abos verkauft. Damit entstehen neue Formen digitaler Arbeitsintensität, bei denen persönliche Nähe, Verfügbarkeit und Selbstvermarktung zentrale Erfolgsfaktoren sind - mit allen damit verbundenen Herausforderungen.

Um neue Abonnent:Innen zu gewinnen, nutzen somit viele Creator:Innen eine Vielzahl von Kanälen: Auf Reddit werden spezifische Fetisch-Subreddits gezielt bespielt, auf X erfolgen tägliche Postings mit Teaser-Videos oder Fotos und systematischen Kommentaren bei anderen Tweets/Posts mit Hinweisen zu den eigenen Accounts (und deren Bezahlinhalten).

Und auch TikTok dient oft als Einstiegsplattform mit harmlosen Challenges oder Fitness-Videos oder Humor - allerdings oft sehr freizügig gekleidet, die dann zuerst auf Instagram und damit auf eine Linksammlung (z.B. Linktree) zur eigentlichen Bezahlplattform führen.

Gleichzeitig sind auch mehr und mehr Dating-Plattformen wie Tinder oder Bumble Teil der Marketingstrategie: Dort platzieren einige Creator:Innen gezielt ihre Fotos und in der Beschreibung (oder in der ersten Nachricht) dann den Hinweis zu Instram und damit wiederum den Hinweis zum OnlyFans-Link im Linktree, um so Beziehungsmässige Aufmerksamkeit in reale Conversions umzuwandeln (Quellen gemäss eigenen Recherchen).

In einigen Fällen investieren erfolgreiche Accounts mehrere tausend US-Dollar pro Monat in hoch qualitative Social-Media-Videos oder beauftragen eine professionelle OF-Agentur zur algorithmischer Reichweitenoptimierung (OnlyMonster, 2025[18]).

Einige Creator:Innen nutzen geschlossene Communitys ausserhalb von OnlyFans - etwa auf Telegram oder Discord - um Treue-Boni, „Early Access"-Content oder Fan-Wettbewerbe anzubieten.

Im übrigen haben viele Top-Creator:Innen oft zwei OnlyFans-Profile: ein kostenloses, um potenzielle Abonnent:Innen mit Teasern, Chat-Aktivität und Pay-per-View-Angeboten zu binden - und ein zweites, kostenpflichtiges „VIP-Profil" mit höherwertigen Inhalten. Die Konversion vom Gratis-Account auf das VIP-Modell funktioniert über Direktnachrichten und exklusive Angebote.

---

[18] *OnlyMonster. (2025). Engagement metrics and cross-platform promotion. https://onlymonster.ai/blog/what-sells-on-onlyfans*

Und dann gibt es natürlich noch mehr und mehr Netzwerkeffekte. Denn über das OnlyFans-Affiliate-Programm können Creator:Innen bis zu 5% der Einnahmen von geworbenen Neuanmeldungen verdienen - oft kombinieren sie dies mit Mentoring-Angeboten, um gezielt Nachwuchs-Creator:Innen an sich zu binden.

Die Abhängigkeit von Drittplattformen ist somit nicht Nebeneffekt, sondern integraler Bestandteil des ökonomischen Systems von OnlyFans. Wer es versteht, sich seine online Community aufzubauen, schafft damit auch einen konstanten Fluss von neuen Kund:Innen.

Diese Taktiken verdeutlichen, dass erfolgreiche Creator:Innen heute nicht nur Inhalte produzieren, sondern ein eigenes Mikro-Unternehmen führen - mit Branding, Funnel-Management, CRM und psychologischem Feingefühl. Es handelt sich um eine hochgradig professionalisierte Nischenökonomie, in der Datenkompetenz und Selbstinszenierung zu zentralen Erfolgsfaktoren werden.

CREATOR:INNEN ZWISCHEN SELBSTVER-MARKTUNG UND EINKOMMENSKLUFT

OnlyFans hat sich innerhalb weniger Jahre zur weltweit dominierenden Plattform für individuelle Monetarisierung von Inhalten entwickelt. Im Zentrum stehen die Creator:Innen - also jene Personen, die bereit sind, ihre Inhalte, ihre Zeit und nicht selten ihre Intimität gegen Entgelt verfügbar zu machen.

Sie sind das Rückgrat der Plattform, die Stimme des Angebots. Doch während die Öffentlichkeit die Plattform häufig mit Einzelfällen spektakulärer Millionenerfolge assoziiert, offenbart ein genauerer Blick ein stark fragmentiertes und hochgradig ungleiches Ökosystem. Zwischen Sichtbarkeit und Verdienst, Kontrolle und Abhängigkeit, Selbstverwirklichung und ökonomischem Druck verläuft eine unsichtbare Grenze, die das Creator-Feld prägt.

Die überwältigende Mehrheit der aktiven Creator:Innen auf OnlyFans ist weiblich: **84%** identifizieren sich als Frauen, **14% als Männer** und nur etwa **2% als nicht-binär oder trans**. Dieses starke geschlechtsspezifische Ungleichgewicht spiegelt die historische Verwurzelung der Plattform in der Erwachsenenunterhaltung wider. Obwohl sich das Inhaltsangebot zunehmend diversifiziert - hin zu Fitness, Musik, Coaching oder Kunst - ist NSFW-Content (Not Safe For Work) weiterhin dominierend und stark weiblich konnotiert.

Das durchschnittliche Alter der Creator:Innen beträgt **29 Jahre**. Besonders stark vertreten ist die Altersgruppe der **20- bis 29-jährigen Frauen**, die über **55%** aller weiblichen

Profile ausmachen. Creator:Innen zwischen **30 und 39 Jahren** stellen rund **25%**, während nur **15%** älter als 40 Jahre sind. Die Daten zeigen, dass die Plattform insbesondere von **digital-affinen Millennials und Angehörigen der Generation Z** geprägt wird - Bevölkerungsgruppen, die in einem Medienumfeld sozialisiert wurden, in dem Sichtbarkeit und digitale Selbstvermarktung zentrale Währungen sind (Statista, 2024[19]).

Mit über **1,1 Millionen Creator:Innen** führen die **Vereinigten Staaten** die globale Statistik an, gefolgt vom **Vereinigten Königreich (280'000)** und **Kanada (175'000)**. Besonders auffällig ist die **Creator-Dichte in Kanada**: Mit rund **45'761 Creator:Innen pro Million Einwohner** liegt sie weit über dem US-amerikanischen Schnitt von **32'724** (SimpleBeen, 2024[20]). In Europa zeigt sich **Deutschland** mit rund **105'000 aktiven Profilen** als grösster Markt, während skandinavische Länder deutlich geringere Aktivität aufweisen.

Die hohe Aktivität in Ländern mit starker Plattformdurchdringung und hoher Internetverfügbarkeit deutet auf ein klares Muster hin: Spannenderweise wird OnlyFans vor allem in industrialisierten Volkswirtschaften mit breiter Social-Media-Präsenz, liberalem Umgang mit Sexualität und akzeptierter Gig-Economy-Norm genutzt.

---

[19] *Statista. (2024). OnlyFans Creator Age and Gender Data. https://www.statista.com/statistics/1563240/onlyfans-audience-by-age*

[20] *SimpleBeen. (2024). Global Creator Distribution on OnlyFans. https://simplebeen.com/onlyfans-statistics/*

Trotz der grossen Zahl registrierter Creator:Innen bleibt die ökonomische Realität für die Mehrheit ernüchternd. Der **durchschnittliche monatliche Verdienst liegt bei 151 bis 180 US-Dollar** - also deutlich unterhalb jeder nachhaltigen Existenzsicherung (SuperCreator, 2024[21]).

Während Medienberichte über Top-Verdienerinnen wie Blac Chyna (angeblich über 20 Millionen USD/Monat) das öffentliche Bild prägen, gelten diese Fälle als absolute Ausnahmen. **Nur rund 1.200 Creator:Innen weltweit überschreiten die Millionengrenze jährlich**, was weniger als 0,03% aller Profile entspricht.

Die Verdienstverteilung folgt einem Power-Law-Modell: Die obersten 1 % der Creator:Innen erwirtschaften 33 % des Gesamtumsatzes der Plattform. Der Anteil der Top 10 % liegt bei 73 %, während die unteren 90% oft unter 1.000 US-Dollar pro Monat verdienen (Bunny Agency, 2024[22]). Dieses Verhältnis widerspricht dem häufig vermittelten Narrativ von Gleichheit und demokratischer Zugangschance.

---

[21] *SuperCreator. (2024). Average Income on OnlyFans: Report 2024. https://www.supercreator.app/guides/how-much-do-onlyfans-creators-make*

[22] *Bunny Agency. (2024). OnlyFans vs. NBA Salaries. https://bunny-agency.com/fr/blog-onlyfans/onlyfans-vs-nba-salary-the-shocking-truth-about-who-makes-more-2025/*

Demografie und Einkommen der OnlyFans-Creator

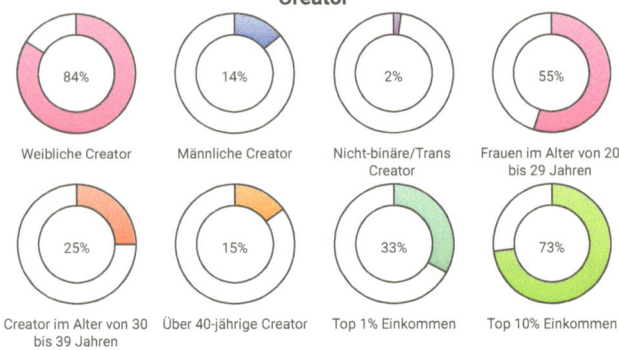

| 84% | 14% | 2% | 55% |
| Weibliche Creator | Männliche Creator | Nicht-binäre/Trans Creator | Frauen im Alter von 20 bis 29 Jahren |

| 25% | 15% | 33% | 73% |
| Creator im Alter von 30 bis 39 Jahren | Über 40-jährige Creator | Top 1% Einkommen | Top 10% Einkommen |

Die **Top 0,1%** der Creator:Innen - etwa 4'100 Profile - erzielen monatliche Einnahmen zwischen **100'000 und 500'000 US-Dollar.** In dieser Gruppe dominieren gut vernetzte, medienerfahrene Personen mit bestehender Reichweite auf Plattformen wie Instagram, TikTok oder Twitch. Influencer:Innen mit Millionenpublikum nutzen ihre Community als Sprungbrett für bezahlpflichtige Inhalte - ein Netzwerkeffekt, der neuen Nutzer:Innen kaum zugänglich ist.

Zum Vergleich: Während der durchschnittliche NBA-Spieler 9,8 Millionen USD pro Jahr verdient, teilen sich die Top 0,01% der OnlyFans-Creator:Innen (ca. 210 Personen) gemeinsam über 1,1 Milliarden USD jährlich - mehr als das Gesamtgehaltsbudget mancher Profi-Ligen (Bunny Agency, 2024 23). Der

---

[23] *Bunny Agency. (2024). OnlyFans vs. NBA Salaries. https://bunny-agency.com/fr/blog-onlyfans/onlyfans-vs-nba-salary-the-shocking-truth-about-who-makes-more-2025/*

Kontrast zwischen Basisverdienst und Einkommensspitze könnte kaum grösser sein.

Die wirtschaftlichen Disparitäten lassen sich nicht ausschliesslich durch Content-Qualität oder Follower-Zahlen erklären.

Drei strukturelle Faktoren sind entscheidend:

1. **Netzwerkeffekte**: Wer bereits eine bestehende Fanbase mitbringt (z. B. aus Instagram, YouTube oder Reality-TV), startet mit erheblichem Vorsprung.
2. **Investitionskapazität**: Erfolgreiche Creator:Innen investieren bis zu **50'000 USD/Monat** in Produktion, Marketing, Management und psychologische Betreuung.
3. **Algorithmische Begünstigung**: Profile mit hoher Interaktionsrate (Likes, Shares, Nachrichten) werden priorisiert ausgespielt (bei Suchanfragen) - was die Sichtbarkeit der Top-Performer weiter verstärkt.

Hinzu kommen **psychosoziale Belastungen**, die viele mittelgrosse und kleinere Creator:Innen betreffen: 68% berichten von emotionaler Erschöpfung, 45% erleben Burnout, und viele arbeiten **50-70 Stunden pro Woche**, um ihre Community bei Laune zu halten (Social Rise, 2025[24]).

Im Unterschied zu klassischen Content-Plattformen wie YouTube oder Twitch basiert der Erfolg auf OnlyFans nicht nur

---

[24] *Social Rise. (2025). Creator Workload and Burnout Survey. https://social-rise.com/blog/onlyfans-content-ideas*

auf Sichtbarkeit, sondern auf permanenter, parasozialer Interaktion. Creator:Innen antworten täglich auf Nachrichten, produzieren individuelle Inhalte auf Wunschbasis, posten intime Einblicke und kuratieren ihren digitalen Alltag so, dass Nähe und Exklusivität suggeriert werden. Diese Form der **emotionalen Arbeit** (Hochschild[25]) - also das professionelle Management persönlicher Gefühle zur Erfüllung kommerzieller Erwartungen - wird zur Hauptaufgabe vieler Creator:Innen.

Zudem erhöht die ständige Abhängigkeit vom Wohlwollen der zahlenden Abonnent:Innen den psychischen Druck: Rückgänge bei Likes, Kommentaren oder Einnahmen werden nicht als Marktbewegung, sondern häufig als persönliche Zurückweisung empfunden. Viele berichten von einem Gefühl der Austauschbarkeit, dem Zwang zur ständigen Selbsterneuerung und der Angst vor digitaler Unsichtbarkeit.

Hinzu kommt die unscharfe Grenze zwischen Privatheit und Öffentlichkeit: Anders als Schauspieler:Innen oder klassische Influencer:Innen agieren viele OnlyFans-Creator:Innen in einem Raum, in dem Intimität nicht gespielt, sondern wirtschaftlich verwertet wird. Diese Dynamik kann zu einer Erosion persönlicher Grenzen führen - insbesondere, wenn Creator:Innen Inhalte mit starker persönlicher Komponente (z. B. Beziehungsthemen, Sexualität, psychische Gesundheit) monetarisieren.

Nicht selten berichten Creator:Innen von Online-Belästigung, dem Gefühl ständiger Verfügbarkeit und einem

---

[25] *Hochschild, A. R. (2012). The Managed Heart: Commercialization of Human Feeling. University of California Press.*

zunehmenden Verlust der Trennung zwischen „ich privat" und „ich als Marke".

Neben psychischer Belastung existieren weitere strukturelle Risiken: **Content-Leaks**, also die unautorisierte Verbreitung von Inhalten auf externen Plattformen wie Telegram, Reddit oder spezialisierten „Leak-Sites", stellen eine massive Bedrohung für Creator:Innen dar. Trotz DMCA-Takedown-Mechanismen verbreiten sich Inhalte oft unkontrolliert. Gleichzeitig können einmal veröffentlichte Inhalte **dauerhafte Auswirkungen auf berufliche Laufbahnen, Beziehungen oder sozialen Status** haben - besonders, wenn reale Identitäten bekannt sind.

Studien zeigen zudem, dass viele Creator:Innen rückblickend bereuen, früh oder unüberlegt mit OnlyFans begonnen zu haben - insbesondere, wenn langfristige Perspektiven (z. B. Jobwechsel, Familiengründung) durch die digitale Spur problematisch werden (Reuters, 2024[26]).

Die langfristigen Folgen dieser strukturellen Nähe zeigen sich deutlich in den Zahlen: Laut einer Erhebung von Social Rise (2025) berichten **68% der Creator:Innen von emotionaler Erschöpfung**, **45% erleben Burnout-Symptome** und **62% klagen über Formen digitaler Überforderung**. Die hohe Arbeitsintensität, die fehlende soziale Absicherung und das ständige „Im-Dienst-sein" führen zu einem strukturellen

---

[26] *Reuters. (2024). Inside the dark side of OnlyFans: Risk and regret. https://www.reuters.com/investigates/special-report/onlyfans-revenue-ethics*

Stressmodell, das nur durch kontinuierliche Selbstausbeutung aufrechterhalten wird.

Besonders betroffen sind weibliche und nicht-binäre Creator:Innen, die zusätzlich mit Online-Belästigung, sexualisierten Nachrichten und psychischem Druck konfrontiert sind. Die Plattform stellt zwar Moderationswerkzeuge bereit, doch viele berichten, dass diese kaum greifen - oder dass sie aus Angst vor Sichtbarkeitsverlust selten genutzt werden.

Der ökonomische Erfolg ist für viele eng an psychische Belastbarkeit geknüpft - ein Umstand, der in der öffentlichen Wahrnehmung kaum Beachtung findet, aber zentrale Bedeutung für die nachhaltige Entwicklung dieser neuen Arbeitsform hat.

DEMOGRAFIE, VERHALTEN UND WÜNSCHE DER ONLYFANS-KUNDEN

Während öffentliche Debatten rund um OnlyFans oft auf die Creator:Innen fokussiert sind, bleibt die andere Seite der Plattform weitgehend unsichtbar, ausser man betrachtet die zahlreichen Kommentare auf den Profilen auf Instagram. Dabei sind es die Nutzer:Innen, ihre Vorlieben und ihre Zahlungsbereitschaft, die das ökonomische Fundament der Plattform tragen.

Also wer konsumiert OnlyFans? Welche Erwartungen, Wünsche und sozialen Hintergründe prägen die Nachfrage? Und welche Inhalte wirken besonders monetarisierbar? Die Nutzerseite ist nicht nur zahlenmässig beeindruckend - mit über **305 Millionen registrierten Accounts** weltweit - sondern auch soziologisch aufschlussreich. Sie offenbart demografische Asymmetrien, kulturelle Verschiebungen und neue Formen digitaler Intimität, die sich kaum mit traditionellen Mediennutzungsmustern vergleichen lassen.

Diese Nutzerbasis von OnlyFans ist klar männlich dominiert: **78,9%** der Abonnent:Innen sind Männer, nur **21,1%** identifizieren sich als Frauen. Dies steht im umgekehrten Verhältnis zur **Creator-Basis, die zu 84% aus Frauen besteht** - eine strukturelle Geschlechterasymmetrie, die sich in Konsumverhalten und Inhaltserwartungen widerspiegelt (Statista, 2024[27]).

---

[27] Statista. (2024). OnlyFans audience by age and gender. https://www.statista.com/statistics/1563240/onlyfans-audience-by-age

Die grösste Alterskohorte liegt bei **25 - 34 Jahren**, die rund **36%** aller monatlichen Seitenaufrufe generiert. Danach folgt die Gruppe der **18 - 24-Jährigen** mit **25,5%**, während Nutzer:Innen über 45 Jahre nur einen geringen Anteil ausmachen. Diese demografische Verteilung weist darauf hin, dass OnlyFans vor allem bei **jungen, digital sozialisierten Männern** Anklang findet - einer Zielgruppe, die in klassischeren Medienstrukturen zunehmend unterrepräsentiert ist (Statista, 2024[28]).

Bemerkenswert ist, dass **89,5% der Nutzer:Innen verheiratet** sind - ein Indiz dafür, dass OnlyFans häufig **verdeckt genutzt wird**, ausserhalb klassischer Beziehungsnormen (SimpleBeen, 2024[29]). Gleichzeitig zeigt sich eine Polarisierung nach Einkommen: Während **Geringverdiener** häufig das Pay-per-View-Modell bevorzugen (mit Einzelzahlungen zwischen 5 und 50 US-Dollar), abonnieren **72% der Nutzer mit einem Jahreseinkommen über 100'000 US-Dollar** mindestens **drei** Creator gleichzeitig (Earnest Analytics, 2024[30]).

Diese Daten legen nahe, dass OnlyFans im oberen Einkommenssegment weniger aus Notwendigkeit als aus einer

---

[28] *Statista. (2024). OnlyFans audience by age and gender. https://www.statista.com/statistics/1563240/onlyfans-audience-by-age*

[29] *SimpleBeen. (2024). OnlyFans statistics and user profiles. https://simplebeen.com/onlyfans-statistics/*

[30] *Earnest Analytics. (2024). User spending behavior on OnlyFans. https://www.earnestanalytics.com/insights/all-posts/only-loyal-fans-may-remain-on-onlyfans*

Kombination von Neugier, Affektbindung und Entertainment-Motiv genutzt wird - vergleichbar mit personalisiertem Streaming oder emotionalem Concierge-Service.

Ethnisch betrachtet identifizieren sich **68,9% der Nutzer:Innen als weiss, 18% als schwarz** und **6,7% als hispanisch/latinx**. Diese Zusammensetzung reflektiert sowohl Zugangsbarrieren (z. B. fehlende Zahlungsmöglichkeiten) als auch kulturelle Prägungen im Umgang mit Sexualität, Öffentlichkeit und Online-Bezahlinhalten (SimpleBeen, 2024[31]).

Studien zeigen, dass Plattformen mit NSFW-Charakter in konservativeren oder stark religiös geprägten Kontexten weniger genutzt werden, selbst bei hoher Internetabdeckung (Fanso, 2025[32]).

Auch die **sexuelle Orientierung** variiert stark: Zwar identifizieren sich **59% als heterosexuell**, aber fast **38% als bi- oder pansexuell** - ein Wert, der deutlich über dem gesellschaftlichen Durchschnitt liegt und auf eine stärkere Offenheit gegenüber alternativen Beziehungsformen und erotischer Exploration hinweist (Statista, 2024[1]).

---

[31] *SimpleBeen. (2024). OnlyFans statistics and user profiles.*
https://simplebeen.com/onlyfans-statistics/

[32] *Fanso.io. (2025). OnlyFans and cultural reception.*
https://fanso.io/blog/onlyfans-male-vs-female-statistics/

Die Popularität von OnlyFans erklärt sich nicht allein durch den Zugang zu erotischen Inhalten, sondern vor allem durch das **Versprechen von Nähe und Exklusivität**. Nutzer:Innen suchen weniger anonymen Konsum als personalisierte Aufmerksamkeit: Individuelle Nachrichten, Namensnennungen, auf persönliche Wünsche zugeschnittene Inhalte. In dieser parasozialen Dynamik liegt ein zentraler Unterschied zu klassischen Erotikangeboten wie Tube-Seiten oder Cam-Portalen.

Viele Creator:Innen berichten, dass ihre Abonnenten regelmässig persönliche Fragen stellen, emotionale Unterstützung suchen oder Alltagsnähe simulieren - etwa durch Good-Morning-Videos, handgeschriebene Nachrichten oder Geburtstagsgrüsse (SuperCreator, 2024[33]). Die Grenze zwischen Inhalt und Beziehung wird dadurch zunehmend fluide - mit ökonomischer Absicht auf beiden Seiten.

Trotz aller Diversifizierungsbemühungen bleiben **rund 70% der Inhalte auf OnlyFans NSFW-orientiert**. Besonders erfolgreich sind **explizite Videos** (Daily Vlogs, Behind-the-Scenes, POV-Rollenspiele) und **Nischenformate** wie Fußfetischismus, erotischer Cosplay und BDSM - letztere erreichen in bestimmten Märkten bis zu **40% Umsatzanteil** innerhalb der jeweiligen Kategorie.

---

[33] *SuperCreator. (2024). How much do OnlyFans creators really make? https://www.supercreator.app/guides/how-much-do-onlyfans-creators-make*

Zunehmend gewinnen jedoch auch **SFW-Formate (Safe for Work)** an Bedeutung. Erfolgreiche Beispiele sind:

- **Fitness & Wellness-Content** (z. B. Yoga-Livestreams, Personal Training)
- **Kulinarische Masterclasses** (z. B. Rezeptserien mit Einkaufsliste)
- **Digitale Kunst & Tutorials** (3D-Modelling, Zeichnen, Make-up)
- **Prominente Creator:Innen ohne Nacktheit**, die mit Backstage-Einblicken, Q&A-Sessions und Fanclubs Millionen verdienen - z. B. Drea de Matteo oder Jiaoying Summers

Das Konsumverhalten unterscheidet sich dabei stark nach Geschlecht und Alter: **Männliche Nutzer (25 - 34 Jahre)** bevorzugen längere, interaktive Rollenspielvideos, während **weibliche Nutzerinnen (18 - 24 Jahre)** häufiger mit Lifestyle-Formaten, Beauty-Tutorials und Vlogs interagieren (Only-Monster, 2025[34]).

---

[34] *OnlyMonster. (2025). Demographic-specific content preferences on OnlyFans. https://onlymonster.ai/blog/onlyfans-trends/*

ONLYFANS IM KONTEXT DER PLATTFORMÖKONOMIE

OnlyFans ist nicht einfach eine Plattform für erwachsene Inhalte - sie ist ein prototypisches Beispiel für eine neue Generation von Geschäftsmodellen, die auf der Direktbeziehung zwischen Content-Ersteller:Innen und Konsument:Innen basieren.

Als Teil der sogenannten Creator Economy reiht sich OnlyFans ein in eine wachsende Anzahl von Plattformen - darunter Patreon, Substack, Ko-fi, BuyMeACoffee oder Twitch - die es Einzelpersonen ermöglichen, ihre Reichweite in Einkommen zu überführen.

Der Unterschied: Während andere Plattformen oft auf Community- oder Bildungsinhalte setzen, basiert das Erfolgsmodell von OnlyFans auf einer Kombination aus Exklusivität, Intimität und Zahlungsbereitschaft für Personalisierung (Earnest Analytics, 2024[35]).

Die Plattform lässt sich als Teil der plattformbasierten Mikroökonomie verstehen, bei der User nicht nur Konsument:Innen, sondern zugleich Produzent:Innen und Marken

---

[35] *Earnest Analytics. (2024). OnlyFans and the growth of direct-to-fan monetization. https://www.earnestanalytics.com/insights/all-posts/only-loyal-fans-may-remain-on-onlyfans*

sind. Der Begriff *Plattformkapitalismus* (Srnicek, 2016[36]) beschreibt dieses Prinzip treffend: Digitale Infrastrukturen stellen die technische Basis bereit, auf der Akteur:Innen eigenverantwortlich agieren - jedoch unter Regeln, die durch das Plattformdesign, algorithmische Sichtbarkeit und ökonomische Mechanismen definiert werden. Bei OnlyFans bedeutet das: Creator:Innen agieren als unternehmerische Einheiten, deren Erfolg von der Fähigkeit abhängt, Aufmerksamkeit zu erzeugen und monetarisierbare Bindung aufzubauen.

In wirtschaftlicher Hinsicht verschiebt OnlyFans die Wertschöpfung weg von klassischen Medienhäusern oder Agenturen hin zu individualisierten „Fan-Ökonomien". Die Plattform übernimmt dabei nicht mehr die redaktionelle oder produktionstechnische Verantwortung, sondern agiert als technologischer Intermediär - ein Infrastrukturanbieter, der Infrastruktur, Zahlungsabwicklung und rechtliche Absicherung gegen eine feste Beteiligung (20%) bereitstellt.

Dieses Modell reduziert Fixkosten, skaliert durch digitale Replizierbarkeit und bietet eine fast grenzenlose Fragmentierung in Nischen, Zielgruppen und Formate.

Zugleich offenbart dieses System grundlegende Spannungen: Die vielzitierte „Freiheit", die Creator:Innen auf OnlyFans erleben, ist in der Praxis stark an Marktmechanismen gebunden. Wer kein Wachstum erzielt, wird vom Algorithmus kaum

---

[36] *Srnicek, N. (2016). Platform Capitalism. Polity Press.*

sichtbar gemacht; wer keine externen Kanäle bespielt, bleibt isoliert; wer nicht permanent produziert, verliert Abonnent:Innen. Die Plattform bietet Autonomie - jedoch unter klar definierten Bedingungen, die auf Wettbewerb, Engagement-Zwang und Plattformtreue beruhen (Bishop, 2020[37]).

Hinzu kommt eine strukturelle Asymmetrie: Während Millionen von Nutzer:Innen und Creator:Innen aktiv zur wirtschaftlichen Wertschöpfung beitragen, bleibt der eigentliche Mehrwert - Daten, Provisionen, strategisches Kapital - bei der Plattformbetreiberin.

Allein 2023 lag der Gewinn vor Steuern bei 658 Millionen US-Dollar, während der Eigentümer Leonid Radvinsky eine Dividendenausschüttung in Höhe von 472 Millionen US-Dollar erhielt (Variety, 2024[38]). Die Monetarisierung digitaler Intimität ist somit nicht nur ein soziales, sondern auch ein systemisches Phänomen mit hoher ökonomischer Konzentration.

Trotz der enormen ökonomischen Bedeutung bleibt OnlyFans - wie viele Plattformen - weitgehend selbstreguliert. Altersverifikation, Content-Kontrolle und Urheberrechtsschutz erfolgen algorithmisch und automatisiert. Zwar gibt es eine Compliance-Abteilung, doch laut Expert:Innen mangelt es an transparenter Governance, proaktiven Schutzmechanismen und

---

[37] *Bishop, S. (2020). Algorithmic experts: Platformed labor and the reconfiguration of influence. Social Media + Society, 6(4). https://doi.org/10.1177/2056305120977191*

[38] *Variety. (2024). Inside OnlyFans' financial empire. https://variety.com/2024/digital/news/onlyfans-payments-2023-financials-revenue-creator-earnings-1236135425/*

psychosozialer Betreuung der Creator:Innen (Signsmag, 2024[39]).

Die strukturelle Verantwortung für Wohlbefinden, Sicherheit und ökonomische Resilienz wird vollständig auf die Nutzer:Innen ausgelagert - eine Schieflage, die langfristig zu einem systemischen Vertrauensverlust führen könnte.

OnlyFans spiegelt damit die Ambivalenz der Plattformökonomie: Einerseits senkt sie Einstiegshürden und eröffnet monetäre Perspektiven für Gruppen, die traditionell ausgeschlossen waren. Andererseits reproduziert sie neue Formen von Abhängigkeit, Sichtbarkeitsungleichheit und prekarisierter Selbstständigkeit - verstärkt durch algorithmische Dynamiken und soziale Erwartungen.

---

[39] *Signsmag. (2024). The structural vulnerabilities of sex work platforms. https://signsmag.com/2021/03/the-dark-side-of-onlyfans/*

MEHR ALS EIN ABO - WAS ONLYFANS ÜBER UNSERE GESELLSCHAFT VERRÄT

In der öffentlichen Wahrnehmung gilt OnlyFans noch immer als einfache Einkommensquelle: ein bisschen posten, ein paar Abos gewinnen - und im besten Fall reich werden. Die Realität, wie dieses Buch zeigt, ist weitaus komplexer. Hinter dem scheinbaren Erfolg verbirgt sich ein System, das durch emotionale Verfügbarkeit, wirtschaftliche Unsicherheit und digitale Dauerverfügbarkeit geprägt ist. OnlyFans ist kein Sonderfall - es ist ein Spiegelbild der digitalen Gegenwart.

OnlyFans inszeniert sich - wie viele Plattformen - als Weg zur Selbstermächtigung. Creator:Innen sollen frei agieren, Fans direkt erreichen und selbst über Inhalte und Preise bestimmen. Dieses Modell steht für das Narrativ der Creator Economy: Du bist deine Marke, du kontrollierst dein Einkommen.

Doch diese vermeintliche Freiheit ist wie auch eine Anstellung an Bedingungen geknüpft. Wer sichtbar bleiben will, muss konstant produzieren. Wer verdient, tut dies nicht dank der Plattform - sondern durch sie: durch Eigenvermarktung, externe Reichweite, emotionale Verfügbarkeit und oft auch durch finanzielles Vorinvestment. Die Plattform stellt nur die Infrastruktur - den Rest leisten die Creator:Innen. Mit hohem Einsatz. Täglich.

Die Plattformökonomie von OnlyFans funktioniert nach dem Prinzip der asymmetrischen Monetarisierung. Während eine kleine Elite von Top-Accounts Millionen verdient, bleibt die Mehrheit der Nutzer:Innen im ökonomischen Niemandsland.

Die Mechanismen dahinter sind bekannt: Netzwerkeffekte, algorithmische Verstärkung, Investitionskraft.

Nur **0,01%** aller Creator:Innen erwirtschaften signifikanten Wohlstand. Über **90%** verdienen weniger als 1'000 US-Dollar pro Monat. Dies ist kein Ausrutscher - es ist **strukturell bedingt**.

Warum? Die hohe Ungleichverteilung der Einnahmen auf OnlyFans lässt sich auf mehrere Faktoren zurückführen:

- Konkurrenz: Die Plattform ist sehr stark frequentiert, was die Konkurrenz unter den Creatorn erhöht.

- Marketing und Promotion: Erfolgreiche Creator setzen häufig auf teure Marketing- und Werbemaßnahmen, um ihre Followerzahlen zu erhöhen.

- Dauer der OnlyFans-Nutzung: Nur erfahrene und etablierte Creator haben die Möglichkeit, in den hohen Einkommens-Rängen anzusteigen.

OnlyFans trägt dabei keine Verantwortung oder Schuld – es verkauft auch keine Inhalte - es verkauft **Zugang**. Zu Personen. Zu Intimität. Zu Dialog. Dieses Modell der ökonomisierten Nähe verlangt eine andere Art von Arbeit: emotional, individuell, oft repetitiv. Das bedeutet: Creator:Innen sind nicht nur Produzent:Innen - sie sind zugleich alles: virtuelle Freund:Innen, Fantasieprojektionsfläche. Für Geld. Rund um die Uhr.

Diese Form von parasozialer Dienstleistungsarbeit bleibt psychisch nicht folgenlos. Erschöpfung, Burnout, Verlust der Privatsphäre - das sind reale, dokumentierte Phänomene. Sie betreffen besonders jene, die versuchen, in der Mitte zu bestehen:

zu erfolgreich, um aufzugeben, aber nicht sichtbar genug, um zu delegieren.

Trotz ökonomischer Relevanz werden Creator:Innen häufig nicht ernst genommen. Sie gelten entweder als „Glückspilze mit Nacktbildern" oder als moralisch fragwürdige Grenzgänger:Innen. Beides wird ihrer Realität nicht gerecht. Denn wer auf OnlyFans arbeitet, braucht Strategie, Resilienz, Marketingkompetenz - und soziale Intelligenz.

Das Stigma verhindert häufig auch, dass Creator:Innen sich rechtlich absichern, steuerlich beraten lassen oder strategisch skalieren. Die Plattform befreit - aber sie isoliert auch. In vielen Fällen fehlt ein Schutzsystem, das die psychosozialen und rechtlichen Anforderungen dieser Arbeitsform auffängt.

OnlyFans ist keine Randerscheinung. Die Plattform ist ein Labor für die digitale Arbeitswelt von morgen: individuell, datengetrieben, ungesichert, emotional, sichtbarkeitsabhängig - und hochgradig ungleich. Sie zeigt, was passiert, wenn soziale Interaktion, Selbstinszenierung und Marktlogik vollständig miteinander verschmelzen.

Das Modell bietet natürlich auch Chancen - insbesondere für marginalisierte Gruppen und Nischenformate. Aber es braucht eine gesellschaftliche Diskussion über Plattformarbeit, Schutzmechanismen, Regulierung und nachhaltige Monetarisierung in digitalen Räumen. Denn solange das System auf der Selbstausbeutung der Vielen zugunsten der Sichtbarkeit der Wenigen basiert, wird das Versprechen der Creator Economy für die meisten ein unerfülltes bleiben.

OnlyFans zeigt, wie leicht sich Nähe verkaufen lässt - und wie teuer sie auf Dauer für jene ist, die sie liefern müssen. Wer in Zukunft über neue Arbeitsformen, digitale Freiheit und kreative Ökonomie spricht, sollte diese Plattform nicht als Randphänomen, sondern als Ausgangspunkt für tiefgreifende Fragen betrachten. Nicht nur über Geld - sondern über Macht, Sichtbarkeit und den Wert menschlicher Aufmerksamkeit.

Denn jetzt kommt künstliche Intelligenz ins Spiel und das nicht zu knapp: Virtuelle AI-Creators haben sich auf Plattformen wie OnlyFans und Fansly fest etabliert und gewinnen zunehmend an wirtschaftlicher Relevanz aber unterschiedlichen Absichten.

Diese digitalen Modelle bieten neue Möglichkeiten für Monetarisierung und Community-Engagement, während sie gleichzeitig traditionelle Grenzen der Content-Erstellung verschieben (London Daily News, 2024[40]).

---

40 London Daily News. (2024). How to promote AI Fansly influencers and make money. https://www.londondaily.news/how-to-promote-ai-fansly-influencers-and-make-money/

Amouranth AI:

Die bekannte Twitch-Streamerin und Erotik-Model Amouranth veröffentlichte 2023 auf Fansly einen eigenen KI-Chatbot, der als „virtuelle Freundin" fungiert. Innerhalb der ersten 24 Stunden nach Veröffentlichung generierte Amouranth AI einen Umsatz von 34'000 US-Dollar. Insgesamt erzielte Amouranth 2023 über OnlyFans Einnahmen in Höhe von rund 50 Millionen US-Dollar (OMR, 2024[41]).

Virtuelle AI-Creators auf OnlyFans und Fansly haben sich vom Randphänomen zum bedeutenden wirtschaftlichen Faktor entwickelt. Dutzende von Modellen und Chatbots erzielen bereits monatliche Umsätze im fünf- bis sechsstelligen Bereich. Die Skalierbarkeit, permanente Verfügbarkeit und Effizienz machen KI-Influencer:Innen zu einem ernstzunehmenden Wettbewerbsfaktor gegenüber menschlichen Creator:Innen.

---

[41] OMR. (2024). *KI-Models auf Fanvue: Millionenumsätze mit virtuellen Creators. https://omr.com/de/daily/ki-models-fanvue*

ONLYFANS UND DER UMGANG MIT KI-AVATAREN

OnlyFans verfolgt einen differenzierten Ansatz beim Thema künstliche Intelligenz (KI) auf der Plattform. Die Nutzung von KI wird grundsätzlich nicht abgelehnt. Vielmehr sieht OnlyFans KI als unterstützendes Instrument, das bestehende Creator:Innen bei ihrer Content-Erstellung ergänzen kann. Voraussetzung ist jedoch, dass die Authentizität der Inhalte und die menschliche Identität der Account-Inhaber:Innen gewahrt bleiben (IdentityWeek, 2024[42]).

Reine KI-Avatare, die keine verifizierte reale Person abbilden, sind explizit verboten. Dieser Ansatz unterscheidet OnlyFans deutlich von anderen Plattformen wie Fanvue oder Fansly, die reine KI-Profile zulassen.

Die Plattform will damit sicherstellen, dass die Beziehung zwischen Creator:Innen und Nutzer:Innen auf Vertrauen basiert. Der Einsatz von KI soll die Creator:Innen in ihrer Arbeit unterstützen, sie jedoch keinesfalls ersetzen oder täuschen. OnlyFans setzt sich damit klar gegen die Entwicklung eines anonymen, KI-dominierten Content-Markts ab und stärkt die Bindung zwischen authentischen Persönlichkeiten und ihren Communities (Web Summit, 2024[43]).

---

[42] *IdentityWeek. (2024). OnlyFans: We only allow creators to use AI once verified. https://identityweek.net/onlyfans-we-only-allow-creators-to-use-ai-once-verified/*

[43] *Web Summit. (2024). OnlyFans CEO: Our stance on AI avatars. https://websummit.com/blog/society/only-fans-ai-avatars/*

Strenge Regeln und Einschränkungen und Verifizierungspflicht

Eine der fundamentalen Voraussetzungen für die Nutzung von OnlyFans ist die strikte Verifizierungspflicht. Jeder Account muss eindeutig einer realen Person zugeordnet werden. Dazu wird ein standardisiertes Verfahren angewandt, das Ausweisdokumente, biometrische Fotobeweise sowie weitere persönliche Informationen umfasst.

Nur nach Abschluss dieser Verifizierung dürfen Nutzer:Innen Inhalte hochladen oder mit Abonnent:Innen interagieren. Diese Praxis dient dem Schutz der Plattform vor Missbrauch durch rein künstlich geschaffene Identitäten und sichert gleichzeitig die rechtliche Compliance im Hinblick auf Datenschutz- und Urheberrechtsfragen.

OnlyFans erlaubt also den Einsatz von KI, wenn die Inhalte den verifizierten Creator:Innen selbst darstellen und korrekt gekennzeichnet sind. Das bedeutet: Bilder, Videos oder Textbeiträge dürfen durch KI verbessert oder modifiziert werden, solange die ursprüngliche Identität des Creators gewahrt bleibt und die KI-Nutzung transparent gemacht wird. KI-generierte Inhalte, die fremde oder erfundene Persönlichkeiten imitieren oder darstellen, sind dagegen strikt untersagt, sofern keine explizite schriftliche Zustimmung der betroffenen Personen vorliegt (Supercreator, 2025[44]).

Diese Regelung schützt nicht nur die Persönlichkeitsrechte Dritter, sondern bewahrt auch die Authentizität und Integrität der Plattform als Raum für reale Interaktion. Durch diese klare Regulierung möchte OnlyFans einen ethischen Standard für den Einsatz von KI im Creator-Ökosystem etablieren.

Im Vergleich zu anderen Plattformen ist OnlyFans hinsichtlich des KI-Einsatzes deutlich restriktiver. Dienste wie Fanvue, Fansly oder DFans erlauben in vielen Fällen die Nutzung reiner KI-Avatare, ohne dass eine reale Verifizierung erforderlich ist.

Diese Unterschiede könnten mittelfristig auch Auswirkungen auf die Marktpositionierung haben – und damit wird der Markt auch fragmentierter.

---

[44] *Supercreator. (2024). AI auf OnlyFans – Regeln, Chancen und Risiken. https://www.supercreator.app/guides/ai-onlyfans*

WOHIN GEHT DIE KI-REISE IN DER CREATOR ECONOMY?

Im Jahr 2025 beschleunigt sich die Integration von Künstlicher Intelligenz (KI) in der Creator Economy signifikant. Technologien wie generative KI, autonome Agentensysteme und virtuelle Influencer:Innen verändern die Art und Weise, wie Inhalte erstellt, vermarktet und monetarisiert werden. Während KI zunächst primär als unterstützendes Werkzeug eingesetzt wurde, etablieren sich zunehmend Modelle, bei denen KI vollständig eigenständig Inhalte produziert und Communities managt (OMR, 2025[45]; Skimai, 2024[46]). Dies führt zu einer tiefgreifenden Transformation der gesamten digitalen Kreativwirtschaft: Effizienz, Skalierbarkeit und Personalisierung werden neu definiert, gleichzeitig entstehen neue ethische und rechtliche Herausforderungen.

Generative KI-Systeme sind mittlerweile in der Lage, fotorealistische Bilder, hochwertige Videos, authentisch wirkende Stimmen sowie interaktive Chatbots zu erstellen, die in vielen Fällen nicht mehr von realen Menschen unterscheidbar sind.

Diese Entwicklungen haben zur Entstehung neuer Geschäftsmodelle geführt, in denen virtuelle Influencer:Innen spezifische Nischen bedienen – etwa im Bereich Adult-Entertainment,

---

[45] *OMR. (2025). KI-Models auf Fanvue: Millionenumsätze mit virtuellen Creators. https://omr.com/de/daily/ki-models-fanvue*

[46] *Skimai. (2024). Der Aufstieg der KI-Influencer und KI-OnlyFans-Modelle. https://skimai.com/de/der-aufstieg-der-ki-influencer-und-ki-onlyfans-modelle/*

Lifestyle-Coaching oder individueller Beratungsdienste. Besonders bemerkenswert ist die Rolle autonomer KI-Agenten, die zunehmend Aufgaben wie Content-Erstellung, Community-Management und Marketingkampagnen automatisieren und damit die menschliche Arbeit ergänzen oder teilweise ersetzen (DACHCOM, 2025[47]).

Verschiedene Plattformen reagieren unterschiedlich auf die neue Dynamik. Während einige Anbieter restriktive Richtlinien erlassen, um die menschliche Authentizität zu schützen, öffnen sich andere bewusst für eine vollständige Integration von KI-basierten Prozessen.

Fanvue hat sich als Pionier im Bereich KI-gestützter Models etabliert. Die Plattform erlaubt explizit KI-Avatare, fördert deren Einsatz aktiv und stellt Creator:Innen leistungsfähige Tools für Chat-Interaktionen, automatische Übersetzungen sowie KI-generierte Audio- und Videoinhalte zur Verfügung.

OnlyFans verfolgt hingegen eine differenzierte Strategie: KI-gestützte Tools wie Chatbots zur Unterstützung der Creator:Innen sind erlaubt, reine KI-Avatare hingegen verboten. Die Plattform legt grössten Wert auf die Verifizierung realer Identitäten und den Erhalt authentischer Beziehungen zwischen Creators und Fans.

---

[47] *DACHCOM. (2025). 10 Digital Marketing Trends 2025. https://www.dachcom.com/de-ch/news/10-digital-marketing-trends-2025*

Fansly zeigt sich da schon etwas experimentierfreudiger und erlaubt eine grössere Bandbreite an KI-gestützten Features, einschliesslich virtueller Models.

Und SUBBD geht noch einen Schritt weiter: Als erste KI-native Creator-Plattform bietet sie vollständig automatisierte Content-Erstellung, Tagging, Transkription und Blockchain-basierte Zahlungen an (www.subbd.com).

Auch Fancentro und JustForFans öffnen sich zunehmend für KI-gestützte Content-Produktion und Monetarisierungsmöglichkeiten.

Ich denke, all diese Entwicklungen zeigen deutlich: Plattformen differenzieren sich zunehmend anhand ihrer Haltung zur KI – zwischen Authentizität und radikaler Automatisierung. Neue KI-Tools und Technologien für Creator:Innen

Und Die wachsende Nachfrage nach KI-gestütztem Content hat eine Vielzahl spezialisierter Tools hervorgebracht. Anbietr:Innen wie Synthesia, D-ID, Colossyan, Soul Machine, NVIDIA, Uneeq oder Ready Player Me ermöglichen sehr einfach die Erstellung hyperrealistischer KI-Avatare, die auf Plattformen weltweit eingesetzt werden können.

Zudem entwickeln spezialisierte Anbieter wie Supercreator, ChatPersona und FlirtFlow KI-Chatbots, die die Interaktion mit Fans vollständig automatisieren und den Umsatz der Creator:Innen nachhaltig steigern.

Diese Technologien revolutionieren nicht nur die Produktionsprozesse, sondern schaffen auch neue Möglichkeiten der Personalisierung und Multilingualität, indem sie es Creator:Innen erlauben, global agierende Communities individuell anzusprechen.

Die Creator Economy steht damit wohl am Anfang einer hybriden Ära, in der menschliche und KI-basierte Akteur:Innen koexistieren werden.

Und es ist absehbar, dass KI-gestützter Content zum Mainstream wird. Immer mehr Creator:Innen werden KI nutzen, um effizienter und skalierbarer zu arbeiten – sei es durch die Erstellung von Inhalten, durch die Automatisierung von Community-Management oder durch gezielte Marketingaktivitäten. Plattformen wie Fansly, Fanvue und SUBBD definieren sich zunehmend über ihren spezifischen Umgang mit dieser neuen Realität.

Während OnlyFans auf Authentizität und menschliche Verifizierung setzt, positionieren sich Fanvue und SUBBD als Vorreiter für eine umfassende KI-Integration. Damit entstehen auch neue Marktsegmente: KI-gestützte Beratungsdienste, interaktive Bildungslösungen oder personalisierte Entertainment-Angebote eröffnen neue Einnahmequellen für Creator:Innen und Plattformbetreiber:Innen.

Dennoch bleiben erhebliche Herausforderungen bestehen. Fragen der Transparenz, des Urheberrechts, der ethischen Verantwortung und der Authentizität werden in den kommenden Jahren die Debatten prägen. Nur wer diese Themen aktiv adressiert, wird langfristig Vertrauen aufbauen und nachhaltige Geschäftsmodelle etablieren können.

EPILOG: ZWISCHEN PLATTFORM UND PRO-JEKTION

OnlyFans ist mehr als ein Geschäftsmodell - es ist ein Spiegel. Ein Spiegel für unsere wirtschaftlichen Sehnsüchte, sozialen Machtverhältnisse und den fortschreitenden Wandel hin zu einer Ökonomie der Sichtbarkeit. Die Plattform hat nicht nur eine Branche verändert, sondern ein neues Verhältnis geschaffen: zwischen Intimität und Technologie, zwischen Konsum und Nähe, zwischen Kreativität und Marktlogik.

Was als Hoffnung auf Selbstermächtigung begann, zeigt in der Tiefe eine Plattformwelt, die neue Freiheitsgrade ebenso schafft wie neue Abhängigkeiten. Creator:Innen sind keine Ausnahmeerscheinung, sondern Vorboten einer Arbeitsrealität, in der Selbstdarstellung zur Schlüsselkompetenz und emotionale Erschöpfung zum Berufsrisiko wird.

Dieses Buch ist kein Plädoyer für oder gegen OnlyFans. Es ist ein Versuch, das Phänomen in seiner ganzen Komplexität zu erfassen: wirtschaftlich, sozial, emotional und politisch. Denn wer die Plattform verstehen will, muss sich mit den Bedingungen auseinandersetzen, unter denen digitale Arbeit heute stattfindet - und mit den Fragen, die sie uns morgen stellen wird.

ANHANG I: RECHTLICHE UND REGULATORISCHE RAHMENBEDINGUNGEN

Altersverifikation und Jugendschutz

OnlyFans verlangt bei Registrierung einen Altersnachweis ab 18 Jahren. Kritisiert wird jedoch, dass die automatisierten Prüfverfahren (z. B. Ausweisscan, Selfie-Verifizierung) umgehbar sind. Laut einer Studie aus dem Jahr 2025 haben **15 % der unter 18-Jährigen** versucht, ein Creator-Konto zu eröffnen. In der EU und den USA verschärfen sich die Vorschriften; neue Gesetze zur verpflichtenden biometrischen Altersverifikation sind in Vorbereitung.

Steuerrecht und Sozialabgaben

Creator:Innen sind rechtlich gesehen **selbstständige Dienstleister:Innen**. Einnahmen sind in der Regel einkommensteuerpflichtig und müssen bei Behörden deklariert werden. In Deutschland gilt zudem seit 2023: Creator:Innen, die mehr als 22.000 EUR Umsatz jährlich erzielen, unterliegen der Regelbesteuerung (§ 19 UStG entfällt). Sozialversicherungsbeiträge (z. B. Künstlersozialkasse) sind nicht automatisch abgedeckt.

Urheberrecht und Content-Leaks

Sämtliche hochgeladenen Inhalte unterliegen dem Urheberrecht - liegen aber zugleich auf den Servern der Plattform. Zwar dürfen Inhalte nicht ohne Zustimmung geteilt werden, doch in der Praxis kommt es häufig zu **Content-Leaks**. Der Schutz erfolgt über DMCA-Takedowns (USA) oder das "Notice and Ta-kedown"-Verfahren (EU). Rechtlich durchsetzbar sind Ansprüche nur bei klarer Urheberschaft und Identifizierbarkeit.

Zahlungsabwicklung und Plattformhaftung

OnlyFans wickelt Zahlungen über Drittanbieter wie **Stripe**, **Paxum** oder **Cosmo Payment** ab. Bei Konto-Sperrungen, Verzögerungen oder Rückbuchungen liegt die Verantwortung laut AGB bei den Nutzer:Innen selbst. Die Plattform selbst tritt rechtlich **nicht als Arbeitgeber, nicht als Produzent und nicht als Vermittler** auf, sondern als technischer Infrastrukturanbieter - eine Definition, die haftungsrechtlich problematisch ist, insbesondere bei rechtswidrigen Inhalten.

HAFTUNGSAUSSCHLUSS

Die Inhalte dieses Buches dienen ausschliesslich der Information und kritischen Analyse. Sie stellen **keine Rechtsberatung, Steuerberatung oder Aufforderung zur wirtschaftlichen Nutzung von OnlyFans oder vergleichbaren Plattformen** dar.

Alle Daten basieren auf öffentlich zugänglichen Quellen, Marktanalysen, Plattformberichten und wissenschaftlicher Sekundärliteratur. Trotz sorgfältiger Recherche übernehmen Autor und Verlag keine Haftung für die Richtigkeit, Aktualität oder Vollständigkeit der enthaltenen Informationen.

Die Nennung von Unternehmen, Plattformen oder Personen erfolgt ausschliesslich zu dokumentarischen oder analytischen Zwecken. Markenrechte, Inhalte und Daten verbleiben bei den jeweiligen Rechteinhaber:Innen.

ÜBER DEN AUTOR

Roger Basler de Roca ist Betriebsökonom FH, Digitalunternehmer, Keynote-Speaker und Dozent mit über einem Jahrzehnt Erfahrung in der Analyse digitaler Geschäftsmodelle, Plattformökonomien und Künstlicher Intelligenz. Als Gründer, Autor und Berater unterstützt er Unternehmen und Organisationen dabei, technologische Innovationen strategisch zu nutzen.

Er hat in mehreren Ländern gelebt - unter anderem in China, Spanien, Kanada und den USA - und bringt eine internationale Perspektive auf die digitale Transformation mit. Seine Expertise liegt an der Schnittstelle zwischen Wirtschaft, Technologie und Gesellschaft. Als einer der meistgebuchten Speaker im deutschsprachigen Raum referiert er jährlich auf über 100 Bühnen über Plattformstrategien, KI, Creator-Ökonomien und die Zukunft der Arbeit.

Roger glaubt daran, dass Fortschritt durch fundierte Aufklärung entsteht - und dass Plattformen wie OnlyFans nicht ignoriert, sondern verstanden werden müssen, um die digitale Gegenwart kritisch und kompetent zu gestalten.

Mehr zu ihm: www.rogerbasler.ch und auf www.roger.social